AF390798

JOSEPH QUESNEL

(1746-1809)

LUCAS ET CÉCILE

Comédie mêlée d'ariettes

Reconstitution archéologique par Pierre Turcotte

Pierre Turcotte Éditeur

PRÉSENTATION PAR PIERRE TURCOTTE

Nous présentons la reconstitution littéraire d'un opéra-comique canadien datant du tournant du XIXe siècle. *Lucas et Cécile* (c. 1792) est l'œuvre de Joseph Quesnel (1746-1809), poète et musicien canadien d'origine française. Cet ouvrage, dont il ne subsiste que les ariettes – partition musicale pour voix seule, avec le texte, mais sans accompagnement – a déjà fait l'objet d'une reconstitution musicale par le musicologue et compositeur John Beckwith.

À partir du canevas des ariettes, nous avons entrepris de reconstituer l'ensemble de la comédie. Pour ce faire, nous avons procédé à l'analyse du premier opéra-comique de Joseph Quesnel, *Colas et Colinette ou le Bailli dupé*, premier ouvrage du genre au Canada. Nous nous sommes livré à une patiente étude des genres de la comédie classique et de l'opéra-comique auxquels l'auteur s'est toujours montré fidèle.

Nous avons abordé ce travail, dans le cadre d'un mémoire de maîtrise à l'Université du Québec à

Montréal[1], selon une approche archéologique ; il ne s'agit donc pas d'une réécriture libre. On se référera au mémoire de maîtrise disponible à l'UQÀM pour les détails de la méthodologie ayant permis le travail de reconstitution.

Dans la présente édition, les ariettes, qui sont le texte original de la main de Joseph Quesnel, sont représentées en caractères plus petits et centrés. Tous les dialogues parlés sont reconstitués.

Une représentation intégrale sur scène de *Lucas et Cécile* est désormais possible en joignant notre livret reconstitué à l'édition musicale de John Beckwith[2], disponible sur le marché, pour lequel il est parfaitement adapté.

---

[1] TURCOTTE, Pierre. *Reconstitution archéologique du livret de Lucas et Cécile de Joseph Quesnel (1746-1809)*. Mémoire de maîtrise, Montréal : Université du Québec à Montréal, 1999, 123 p.

[2] QUESNEL, Joseph. *Lucas et Cécile*. Reconstitution musicale et intr. de John Beckwith, partition piano et voix. Saint-Nicolas : Doberman-Yppan, 1992, 70 p.

LUCAS ET CÉCILE

(c. 1792)

Lucas et Cécile

ACTEURS.

LUCAS, paysan de fortune modeste, amoureux de Cécile.

CÉCILE, fille de Mathurin, amoureuse de Lucas.

MATHURIN, riche paysan, père de Cécile, tardivement épris d'instruction.

THÉRÈSE, femme de Mathurin.

DU SOTIN, pédant.

La Scène est à la Campagne, chez Mathurin.

Pour chanter les ariettes, on se procurera la partition musicale *Lucas et Cécile* de Joseph Quesnel (reconstitution John Beckwith) aux Éditions Doberman-Yppan, à laquelle le présent livret est parfaitement adapté.

Lucas et Cécile

ACTE PREMIER.

Le Théâtre représente l'avenue du Jardin de Mathurin.

SCENE PREMIÈRE.
CÉCILE.

CÉCILE.

Comment? Lucas n'est pas là? Je lui avais pourtant dit de m'attendre ici et que j'avais à lui parler. C'est aujourd'hui qu'il doit demander ma main à mon père. Nous en avons parlé souvent. Il n'arrive pourtant pas à se décider car il craint d'être rebuté. (*Elle voit venir quelqu'un.*) Mais voilà le pédant qui s'amène. Feignons de ne pas le voir.

SCENE II.
CÉCILE, DU SOTIN.

DU SOTIN.

Hé, bon jour, belle Cécile.

CÉCILE.

Bon jour, Monsieur Du Sotin.

DU SOTIN.

Votre père est-il là?

CÉCILE.

Vous savés fort bien qu'il y est.

DU SOTIN, tentant de lui prendre la taille.

Comment le saurais-je puisque je lui rends visite en passant.

CÉCILE, s'esquivant.

Vous le savés puisque vous passés précisément pour lui rendre visite et qu'il vous attend à cette heure. Ne le faites donc pas attendre. (*Se tournant vers la maison.*) Papa! Votre puits de science est là qui déborde de vous voir!

DU SOTIN.

Tu es une enfant sensible et intelligente, qui tient de son père, et à qui on aurait plaisir à enseigner le b-a ba des usages du monde. Si tu voulais seulement être plus réceptive à ma personne…

CÉCILE.

À votre personne je préférerais encore la compagnie d'un ivrogne qui ne m'apprendrait que le b-u bu. (*Le poussant vers la maison.*) Allons! Ne faites pas languir votre élève et laissés-moi finir mon ouvrage.

SCENE III.
CÉCILE, LUCAS.

LUCAS.

C'est ainsi, cruelle, que j'te prends à te laisser conter fleurette quand j'ons l'dos tourné.

CÉCILE.

C'est maintenant que tu arrives, toi?

LUCAS.

C'est plus tôt que j'aurais dû arriver, je l'vois ben.

CÉCILE.

Mais cesse donc ces folies. Monsieur Du Sotin passe tous les jours nous visiter depuis que mon père s'est mis en tête de s'instruire. Depuis qu'il a fait sa connaissance, il a pris à mon père un tel vertigo que toute la maisonnée est sens dessus dessous. Il ne parle plus que de ce qu'il faut ou ne faut pas faire, de ce qu'il faut ou ne faut pas dire, et répète toute la journée des mots dont il ne comprend pas la moitié du sens. C'est ce Monsieur Du Sotin qui lui apprend tout ça.

LUCAS.

Et il te fait des avances!

CÉCILE.

Il me tourne bien autour un peu mais je sais le tenir à distance, va.

LUCAS.

J'vas lui dévisser la tête à celui-là!

CÉCILE.

Calme-toi, Lucas. Tu sais bien que c'est toi que j'aime.

LUCAS.

C'est ben vrai? Répète-le.

CÉCILE.

C'est toi qui a mes faveurs.

LUCAS.

Répète encore.

CÉCILE.

Je t'aime.

LUCAS.

J'vas lui dévisser la tête, j'te dis!

CÉCILE.

Ah non! Ne va pas te mettre dans une position qui serait fâcheuse à notre projet. As-tu bien pensé à ce que nous avons convenu?

LUCAS.

J'y ons songé.

CÉCILE.

C'est tout?

LUCAS.

J'ai ben peur de ne pas obtenir les faveurs de ton père. Je pourrions peut-être lui faire valoir que j'ons queuque bien hérité d'ma pauvre mère...

CÉCILE.

Mon père n'en a cure.

LUCAS.

... que j'ons du cœur à l'ouvrage.

CÉCILE.

Ça ne l'impressionnera pas davantage. Tu serais mieux venu de lui sortir de grands mots qui ronflent bien haut.

LUCAS.

Alors, j'abandonne...

CÉCILE.

Je le savais. Si tu ne prends pas ton courage à deux mains, quelqu'un d'autre le fera.

LUCAS.

Et t'accepterais un autre pour époux?

CÉCILE.

Mais non, voyons. Tu sais bien que c'est toi seul que je veux épouser. Allons, dès aujourd'hui tu parleras à mon père. M'aimes-tu?

Arriette.

LUCAS.
Oui, ma Cécile, oui je t'aime
Et puisque tu dis de même,
J'suis pus courageux d'moitié.
J'avons certes du bien et d'reste,
Mais j'n'en donnerions pas un zeste,
S'il fallait perdre ton amitié.
Quoiqu'Mathurin m'dédaigne,
Ne crains pas qui me contraigne
À te jamais abandonner.
Y serait pus facile à ton père
D'changer l'cours de la rivière
Que d'm'empêcher d't'aimer.

CÉCILE.

Je suis bien aise de te voir de cette humeur là. Toutefois, ne précipitons rien et tâchons de gagner ma mère à notre projet. La voilà justement qui vient. Sauve-toi vite.

SCENE IV.
CÉCILE, THÉRÈSE.

THÉRÈSE, s'adressant à quelqu'un dans la maison.

Notre condition me convient parfaitement et je me moque bien, mon mari, de ne pas savoir raisonner comme un docteur. (*Apercevant Cécile.*) Tiens, tiens. À qui parlais-tu, Cécile?

CÉCILE.

Moi? À personne.

THÉRÈSE.

Allons donc… Je trouve, moi, que ce « personne » s'est enfui bien précipitamment. Ce jeune homme avait fière allure… et je crois que Lucas serait bien jaloux de te voir ainsi causer avec un autre.

CÉCILE.

Mais c'était Lucas, Maman…

THÉRÈSE

Ah, ah, ah. Allons, Cécile, ne veux-tu pas m'ouvrir ton cœur?

CÉCILE.

Si fait. Je souhaitais justement vous consulter. Lucas s'est décidé à demander ma main à Papa. Mais nous craignons son entêtement.

THÉRÈSE.

Il y a fort à parier que vos craintes soient fondées. Ton père s'est mis en tête des idées de grandeurs qui m'enragent. Et je doute que Lucas réussisse à l'amadouer. Mais il ne perd rien à essayer.

CÉCILE.

Et si Papa refuse?

THÉRÈSE.

Il est ton père. Tu ne peux t'opposer à sa volonté.

CÉCILE.

Mais vous êtes ma mère. Et vous ne voudriés pas me briser le cœur? Je ne veux d'autre époux que Lucas et préférerais entrer chez les Ursulines que de me voir mariée à un homme que je n'aime pas. Je sais que vous appréciés Lucas. Et sans votre soutien nous ne connaîtrons que le malheur. Ce n'est pas ce que vous voulez, n'est-ce pas?

Arriette.

CÉCILE.

Non, Maman, vous ne voudrés pas
Donner ce chagrin à Lucas.
Vous savés qu'il m'aime
D'un amour extrême,
Et que son cœur fait tout mon bonheur.
Auries-vous pour moi la rigueur
De détruire son espérance,
Après avoir approuvé son ardeur?
Lui feriés-vous cette défence,
Après avoir approuvé son ardeur?
Non, Maman, vous ne voudrés pas
Donner ce chagrin à Cécile.
À vos vœux elle fut docile.
Daignés, daignés lui conserver Lucas.

THÉRÈSE.

Ah, Cécile. Je plains ton malheur. Et tu sais que j'encouragerais bien ce mariage. Mais comment s'opposer aux volontés d'un père qui a sur toi tous les droits?

CÉCILE.

Mais, Maman…

THÉRÈSE.

J'ai déjà fort à faire à le surveiller pour éviter qu'il nous entraîne dans les aventures les plus folles. Depuis que ce Du Sotin fréquente la maison, tout va de travers ici. Mais je vais y réfléchir. Tiens, laisse-moi faire. Va au village rejoindre ton ami. Allons, va.

SCENE V.
THÉRÈSE.

THÉRÈSE.

Pauvres enfans. Et pourtant, Lucas ferait un bel et bon époux à ma Cécile. Mais l'obstacle est de taille. (*Après un moment de réflexion.*) Il avait fière allure, mon Mathurin, quand il était jeune. Nous nous connaissions depuis l'enfance. Puis, un jour, alors que j'étais aux champs… (*Elle rit.*) Enfin, il a commencé à me tourner autour… Comme il y allait quand il fallait trouver des stratagèmes pour nous rencontrer en cachette! (*Songeuse.*) Ce sont de beaux souvenirs… J'aurais bien voulu que mon père s'oppose à mon bonheur, tiens! (*Songeuse.*) Puis nous nous sommes mariés. Ensuite Cécile est venue… Il fut un bon mari, mon Mathurin........ Jusqu'au jour où cette folie a commencé à lui troubler la cervelle. A-t-on idée de vouloir changer de condition à son âge? Nous avons la ferme la plus prospère du canton. Ça ne lui suffit donc pas? Tout ça c'est de la faute à ce monsieur Du Sotin. Mathurin s'est laissé emberlificoter par ce pédant et, depuis, il ne veut plus rien entendre. Puis quand il a quelque chose dans la caboche........... C'est qu'il est capable d'imposer ses lubies à toute la maison. S'il se met en tête de s'opposer au bonheur de Cécile, Dieu sait ce qu'il peut inventer. Non. Cela ne peut pas être. Et je m'appliquerai autant que je pourrai à soutenir cette union.

Arriette.

THÉRÈSE.
Non, le cœur ne dépend pas
Des Mamans ni des Papas.
Quand on s'aime bien l'un l'autre,
Toute la vie se passe comme un jour.
Mais le choix que fait l'amour
Doit toujours être le nôtre.

Allons bon. Voici mon vieux qui s'amène. Tâchons de tâter le terrain avec délicatesse pour ne pas le rebuter.

SCENE VI.
THÉRÈSE, MATHURIN.

Mathurin entre avec une drôle de démarche. Il ne s'occupe pas de Thérèse qui le regarde étonnée.

THÉRÈSE.

Mon mari.

MATHURIN.

Ma femme.

THÉRÈSE.

J'ai à te parler.

MATHURIN.

Ce n'est pas le moment.

THÉRÈSE.

Et moi je dis qu'il faut que je t'entretienne de ma fille.

MATHURIN.

Ta fille saura bien attendre que son père ait du loisir pour s'occuper d'elle. Je dois d'abord m'exercer à marcher.

THÉRÈSE.

À marcher! Puis-je savoir, je te prie, ce que tu faisais jusqu'à ce jour pour te déplacer?

MATHURIN.

Tais-toi, sotte. Je te parle de savoir marcher avec élégance et tu viens m'entretenir de déplacement. Assied-toi là et regarde.

THÉRÈSE.

Non. J'ai à te dire…

MATHURIN.

La peste soit de cette femme. Assied-toi sus ce banc, je te dis, et ouvre grand les yeux. (*Thérèse s'assoit. Mathurin commence à faire quelques pas qui mêlent la démarche, la danse et la révérence.*)

THÉRÈSE.

C'est pour te montrer des sauts de grenouille que ton Monsieur Du Sotin s'est encore amené ce matin?

MATHURIN.

Ah! Silence, paysanne. Tu n'entends rien aux gestes gracieux. Quand on est savant on ne se déplace pas, on évolue.

THÉRÈSE.

J'ai bien besoin d'un mari qui évolue. Pour moi ce sont des sauts...

MATHURIN.

Ah! Vas-tu me laisser avec tes grenouilles?

THÉRÈSE.

... des sauts de crapaud.

MATHURIN.

C'est ainsi qu'on évolue chez le gouverneur et chez les Anglais.

THÉRÈSE.

Et depuis quand sommes-nous devenus anglais? La langue de tes père et mère ne te suffit-elle pas?

MATHURIN.

Ne me vient pas parler de mes père et mère. J'enrage d'avoir eu des père et mère. A-t-on jamais vu pareils père et mère laisser leur enfant sans éducation ni manière? Pour moi, je te dis, ma fille devra bien apprendre les usages du monde et prendre un mari qui…

THÉRÈSE.

C'est justement ce dont je veux te parler.

MATHURIN.

Fort bien, fort bien.

THÉRÈSE.

Ta fille, ma fille, notre fille, de qui nous sommes les père et mère, a de l'inclination pour un jeune homme…

MATHURIN.

Je t'arrête.

THÉRÈSE.

Tu m'arrêtes?

MATHURIN.

Oui. Je t'arrête.

THÉRÈSE.

Et pourquoi donc?

MATHURIN.

Parce que je suis son père et que…

THÉRÈSE.

Mais je ne t'ai pas même dit encore de qui il s'agit.

MATHURIN.

Il suffit qu'il ne soit pas mon choix.

THÉRÈSE.

Ta fille est éprise…

MATHURIN.

Je ne veux rien entendre.

THÉRÈSE.

Si fait, tu m'entendras.

MATHURIN.

Non.

THÉRÈSE.

Il s'agit de Lucas.

MATHURIN.

Je n'entends rien.

THÉRÈSE.

Lucas est un honnête garçon qui…

MATHURIN.

Je n'entends pas.

THÉRÈSE.

… qui a hérité de quelque bien et qui…

MATHURIN.

Est-ce que ce sont des voix que j'entends?

THÉRÈSE.

… et qui ne ménagera pas l'ardeur à l'ouvrage.

MATHURIN.

Ah! Paix! Jamais je ne donnerai ma fille à un paysan.

THÉRÈSE.

Et moi je te dis que Cécile épousera Lucas!

Duo.

MATHURIN.
Bannis ce projet de ta tête.
Non, jamais, il ne lui sera rien.
THÉRÈSE.
Lucas est bon, il est honnête.
C'est l'parti qui li convient.
MATHURIN.
Not'fille est d'humeur docile.
Elle sait que je veux son bien.
THÉRÈSE.

Lucas et Cécile

Et moi j'sais c'qui faut à Cécile :
C'est mon enfant comme le tien.
MATHURIN.
Not'fille est d'humeur docile.
Jamais, non, jamais, il ne lui sera rien.
Ma femme?
THÉRÈSE.
Eh bien?
MATHURIN.
Je suis son père.
THÉRÈSE.
C'est vrai, mais tu dois m'consulter.
N'suis-je pas sa mère?

Ensemble.
MATHURIN.
Allons, tais-toi, tais-toi...
THÉRÈSE.
Alle doit écouter sa mère
Et toi, tu dois me consulter.
MATHURIN.
Oui, mais sus toi j'dois l'emporter.
Alle doit écouter son père,
Et not'avis doit l'emporter.

(Thérèse sort, fâchée.)

SCENE VII.
MATHURIN.

MATHURIN.

Voilà une bien grande enragée. (*Il réfléchit.*) C'est étrange comme ma femme a changé. Elle qu'était douce et attentionnée dans son jeune tems. V'là qu'elle s'en vient revêche comme une vieille mule. Je suis pourtant toujours prévenant avec elle. Lui manque-t-y queuque chose dans sa maison? Point. Est-ce que je la gêne dans son travail? Jamais. Le ciel m'ons gratifié d'un caractère facile qui va tout droit son chemin sans chercher les manigances. Aurait-elle à se plaindre de mon humeur? Nenni pas. Elle devrait se féliciter d'avoir marié un homme qui a acquis un goût prononcé pour l'étude. Ça n'est point à la portée de n'importe qui. Je crains qu'il ne restions en elle un fond de village. Oui. Il y a du paysan en elle qui s'est accroché. Au fond, elle est chanceuse que je garde ma patience alors que l'âge l'aigrit chaque jour davantage. Mais un mari ne doit-y pas être patient avec sa femme? (*S'emportant peu à peu.*) Alors, quoi? Faudra-t-y qu'elle me cassions les pieds avec sa fille? Les enfants ne devons-ils pas obéissance à leur père? Qui porte la culotte dans cette maison? Marier ma Cécile à Lucas... Un habitant qui sait seulement pas lire ni compter... Allons! Donne ta fille, Mathurin, pour qu'elle vienne te faire des reproches sus ton lit de mort de pas l'avoir établie comme il faut. Pis que ça! D'avoir eu des père et mère! Non, non, non! Je ne donnerai pas ma fille à un Lucas de village. (*Il réfléchit.*) Pourtant, c'est pas qu'il n'a pas hérité de queuque bien... (*S'emportant.*) Non, non! Il ne sait seulement pas marcher. Ah! Ça marche comme un cheval de trait et ça voudrait mettre la patte sur la fille à Mathurin! Jamais! Ma fille épousera un docteur... ou un marquis... ou ce qu'elle voudra... à condition que je l'ons choisi pour elle. Ah! Lucas, tu ne trouveras pas ton bien dans ma maison. Foi de Mathurin!

Lucas et Cécile

ACTE SECOND.

Le Théâtre représente l'appartement de Mathurin.

SCENE PREMIÈRE.
LUCAS, CÉCILE, THÉRÈSE.

THÉRÈSE.

Oui, mes enfans, je vous donne mon suffrage. Mais, hélas, Mathurin s'y oppose.

CÉCILE.

Hélas.

LUCAS.

Je pourrons peut-être bien lui parler pour voir.

CÉCILE.

Garde-toi de faire cela, Lucas. Je connais mon père. Plus nous nous acharnerons, plus il s'entêtera.

THÉRÈSE.

Cécile a raison. Mieux vaut confier l'affaire à la ruse des femmes. Nous trouverons bien un moyen de fléchir son entêtement. Ne laissons rien voir, mes enfans. Cécile, viens avec moi à la cuisine où nous élaborerons quelque machine.

CÉCILE, à Lucas.

Et toi, ne bouge pas d'ici. Attend-moi. (*Elles sortent.*)

SCENE II.
LUCAS, MATHURIN.

MATHURIN, entrant et ne voyant pas Lucas.

Deux et deux font quatre, quatre et quatre font huit. (*Lucas tousse pour marquer sa présence mais Mathurin est trop absorbé pour l'entendre.*) Huit et huit font seize, seize et seize... Voyons, seize et seize…

LUCAS, bas pour ne pas effrayer Mathurin.

Trente-deux.

MATHURIN, qui n'a pas entendu.

Seize et seize font... (*Il compte sur ses doigt, s'embrouille, recommence.*) Seize et seize font...

LUCAS, haut.

Trente deux!

MATHURIN, sursautant.

Ah!

LUCAS.

Pardonnés, M'sieur Mathurin. J'voulions point vous effrayer.

MATHURIN.

Que fais-tu dans ma maison, maraud?

LUCAS.

Moi? Rien. Je…

MATHURIN.

Tu prétends que je sais pas compter?

LUCAS.

Point du tout, Monsieur.

MATHURIN.

Tu penses que je suis un sans talent, peut-être?

LUCAS.

Loin de moi…

MATHURIN.

Tu voudrais me faire la leçon?

LUCAS.

C'est pas mon idée.

MATHURIN.

Alors, qu'est-ce tu fais dans ma maison?

LUCAS.

J'attendions seulement Cécile qui…

MATHURIN.

Ah! Voleur d'enfant. Tu veux mon bien, ma fille, mon âme, mon argent, mon honneur, mon… mon… Tu n'auras rien. (*Il pousse Lucas dehors.*) Voilà qui est bien fait. (*Il a un petit rire de satisfaction.*) Revenons à nos moutons. Seize et seize font trente-quatre. Trente-quatre minots qui doivent rapporter, si j'obtiens au moins le prix unitaire qui doit avoir cours au marché... (*Regardant dehors.*) Ah! V'là justement Monsieur du Sotin qui vient.

SCENE III.
MATHURIN, DU SOTIN.

MATHURIN, faisant semblant de ne pas voir arriver Du Sotin.

Seize et seize, trente-quatre!!

DU SOTIN.

Trente-deux.

MATHURIN.

Plaît-il?

DU SOTIN.

Seize et seize font trente-deux.

MATHURIN.

C'est ce que j'ons dit.

DU SOTIN.

J'avais cru entendre…

MATHURIN.

Il faut vous laver les oreilles!

DU SOTIN, changeant brusquement de ton.

Ah! Monsieur Mathurin. (*S'approchant.*) Vous avez cet après-midi une mine…

MATHURIN.

Moi j'ai une mine?

DU SOTIN.

… à découvrir de nouvelles clartés.

MATHURIN.

Comment? Il y en a d'autres?

DU SOTIN.

La science est insondable. Et vous auriez lu tous les livres des docteurs qu'il y aurait moyen encore d'en écrire de nouveaux pour les analyser, les juger, les compléter, les disputer... Et ces nouveaux ouvrages feraient encore l'objet d'études qui...

MATHURIN.

À quoi sert-il alors d'en écrire si c'est pour nous attirer tant d'ennuis?

DU SOTIN.

Parce que la pensée nous élève au-dessus des basses conditions. Je vois d'ailleurs que vous vous êtes encore un peu élevé aujourd'hui.

MATHURIN, se redressant.

Moi?

DU SOTIN.

Oui, vous. Votre œil est plus intelligent qu'il ne l'était hier.

MATHURIN.

Ça se voit-il à ce point?

DU SOTIN.

Je parierais un écu que vous avez mis en pratique la leçon de maintien que je vous ai donnée ce matin.

MATHURIN.

Sans doute, mais…

DU SOTIN.

Voilà. Je le savais. J'ai gagné.

MATHURIN.

Pardon?

DU SOTIN.

J'ai gagné mon pari.

MATHURIN.

Mais j'avons seulement pas gagé.

DU SOTIN.

Avez-vous, oui ou non, pratiqué votre démarche?

MATHURIN.

Comme vous me l'aviés demandé.

DU SOTIN.

N'ai-je pas parié, oui ou non?

MATHURIN.

Je ne met pas votre parole en doute, mais…

DU SOTIN.

Alors, vous voyez bien que j'ai gagné. J'ai parié et j'ai gagné. Vous me devez un écu. (*Mathurin lui donne un écu.*) C'est ce que nous appelons la force du raisonnement.

MATHURIN.

C'est une chose ben extraordinaire que j'ons perdu un écu sans avoir gagé. Mais si c'est la force du raisonnement, je veux ben m'incliner.

DU SOTIN.

La rhétorique mérite le respect.

MATHURIN.

Mais un écu…

DU SOTIN.

La maîtrise de la langue prime sur toutes les autres sciences.

MATHURIN.

Sans gager…

DU SOTIN.

C'est en devenant fin grammairien qu'on acquiert le respect.

MATHURIN.

Un écu, c'est beaucoup.

DU SOTIN.

La logique n'a pas de prix.

MATHURIN.

C'est cher.

DU SOTIN.

Voilà ce qu'il en coûte de n'avoir pas consacré sa jeunesse à l'étude.

MATHURIN.

Ah! Quand je pense que j'ai passé ma jeunesse à me crever à l'ouvrage pour ramasser des écus!

DU SOTIN.

Alors que vous auriez pu la consacrer à l'étude.

MATHURIN.

Et qu'ils s'envolent par la force du raisonnement.

DU SOTIN.

Mais il n'est jamais trop tard.

MATHURIN.

Pensés-vous?

DU SOTIN.

Avec vos aptitudes…

MATHURIN.

Euh…

DU SOTIN.

Vos capacités…

MATHURIN.

Mes?…

DU SOTIN.

Votre facilité…

MATHURIN.

Moi, j'ai?…

DU SOTIN.

Votre…

MATHURIN.

Mais, un écu…

DU SOTIN.

Votre curiosité naturelle qui ne demande qu'à en apprendre le plus possible.

MATHURIN.

C'est beaucoup.

DU SOTIN.

C'est peu pour vous. Il ne vous faut qu'un maître.

MATHURIN.

Mais c'est cher, un maître!

DU SOTIN.

Pas quand il est déjà dans la maison.

MATHURIN.

Ah! Si seulement j'avais un maître.

DU SOTIN.

Vous m'avez.

MATHURIN.

Je vous ai?

DU SOTIN.

Moi.

MATHURIN.

Vous?

DU SOTIN.

Certainement. Écoutez.

Arriette.

DU SOTIN.
Au collège il fallait voir
Comme je faisais mon devoir.
Rempli d'aptitude,
De goût pour l'étude,
Je sais déjà tout ce qu'on peut savoir.
Je sais conjuguer les verbes,
Je sais décliner les noms.
J'entends aussi les particules.
Je sais par cœur tout Restaut,
Et sais placer comme il faut
Les accents, les points et les virgules.
Sans me vanter, mon Régent vous dira
Que je traduis avec quelqu'Élégance
Virgile, Horace, Ovide, et coetera.
Et c'est, je crois, de la science
Atteindre le non plus ultra.

MATHURIN.

Que de mots!

DU SOTIN.

Que de beautés!

MATHURIN.

Jamais je serons capable d'en dire autant.

DU SOTIN.

Commencez par en apprendre quelques-uns.

MATHURIN.

Monsieur Du Sotin, vous m'obligeriés.

DU SOTIN.

Je suis votre obligé. (*À chaque compliment de Du Sotin Mathurin fait un geste de politesse.*) C'est que j'ai de l'inclination pour vous. Votre personne m'inspire de l'enseignement. Vous me tirez la science du cœur.

MATHURIN.

Ah! Monsieur Du Sotin, je veux apprendre avec vous. Car moi aussi j'ai de l'inclinaison pour vous.

DU SOTIN.

À propos d'inclinaison, faites-moi donc cette révérence que vous faisiez avec tant de grâce ce matin. (*Mathurin s'exécute comme un pantin.*) Partez du pied droit. Oui. Plus profonde, la plongée. Attention. Pas trop. Cambrez la taille. Pliez le genoux. C'est tout à fait cela. Vous épaterez dans le monde!

MATHURIN, essoufflé.

Doit-on absolument se mortifier de la sorte pour dire bon jour?

DU SOTIN.

Vous ne voudriez pas passer pour un paysan?

MATHURIN.

Ah, non!

DU SOTIN.

Il vous faut donc vous distinguer par les lueurs de votre esprit et la grâce de votre maintien.

SCENE IV.
MATHURIN, DU SOTIN, THÉRÈSE avec un balai.

MATHURIN.

Voici justement ma femme qui vient. Vous allés voir comme je tire vite mes leçons.

THÉRÈSE.

Monsieur Du Sotin.

DU SOTIN.

Serviteur, Madame.

THÉRÈSE.

Puisque vous êtes mon serviteur, tenés-moi donc ce balai un moment. (*Elle lui jette le balai dans les bras. Mathurin se précipite pour le lui retirer.*)

MATHURIN.

Insolente femme! Tu ne sais donc pas vivre.

THÉRÈSE.

Je vis comme je vis, du matin au soir. Quand je vais me coucher, je dors, et quand le jour se lève, je revis. Lorsque j'ai marié le jeune Mathurin, il vivait aussi. Mais il semble bien qu'aujourd'hui on ne vit plus mais qu'on évolue; tant et si bien que le matin quand je me lève, je regarde mon vieux et je me demande s'il vit encore ou pas.

MATHURIN.

Tais-toi donc. V'là qu'tu t'mêles de philosopher?

DU SOTIN, bas à Mathurin.

Votre femme aurait-elle pris quelque ombrage?

MATHURIN, bas à Du Sotin.

Alle aurait plutôt pris un coup de soleil su la tête. Laissez-la conter et regardez-moi plutôt. (*Haut, à Thérèse.*) Ma femme, j'ons songé à notre conversation de tantôt.

THÉRÈSE.

À la bonne heure.

MATHURIN.

Et je n'ons point changé d'idée.

THÉRÈSE.

Alors, pourquoi m'en parler?

MATHURIN, jetant un regard complice à Du Sotin puis s'adressant à Thérèse.

Veux-tu gager un écu que c'est moi qui vas l'emporter?

THÉRÈSE.

Je ne gage point.

MATHURIN, nouveau regard complice à Du Sotin.

Est-ce que je ne t'ai pas dit que Cécile est ma fille?

THÉRÈSE.

Si fait. Mais elle est la mienne aussi.

MATHURIN.

Et une fille ne doit-elle pas le respect à son père?

THÉRÈSE.

C'est vrai. Mais elle doit écouter sa mère aussi.

MATHURIN.

Alors, par la force du raisonnement, si tu conviens que Cécile est ma fille et qu'une fille doit obéir à son père, alors, que je te dis, c'est moi qui l'emporte. Ah! J'ons gagné mon écu. (*Il tend la main vers Thérèse.*)

THÉRÈSE.

Non. Et puis j'ai jamais gagé.

MATHURIN, nouveau regard complice à Du Sotin.

Mais... la force du raisonnement...

THÉRÈSE.

Non, je te dis!

MATHURIN.

La peste soit des femmes!

DU SOTIN, bas à Mathurin.

Votre raisonnement manquait seulement un peu de force. Cela viendra. (*Se tournant vers Thérèse.*) Chère Madame, il y a chez votre mari des dispositions particulières à la pénétration des choses de la logique et de l'entendement. Une personne telle que vous, qui, manifestement, jouit des clartés de la philosophie et des lumières, ne saurait que manifester de l'encouragement aux dispositions naturelles de son époux pour la rhétorique, la physique et l'astronomie. Sans compter qu'un homme éclairé doit être pétri tout entier d'une connaissance approfondie de la grammaire, mettre en pratique ses préceptes, maîtriser la syntaxe et exercer son jugement aux problèmes de l'économie et de la jurisprudence.

THÉRÈSE, interdite.

…

MATHURIN.

V'là qu'est ben envoyé!

THÉRÈSE.

Je n'entends rien à tout ce charabia-là. Et vous seriés mieux, Monsieur, de parler français si vous voulés qu'on vous comprenne.

Trio dialogué.

MATHURIN.
Ah! queu plaisir d'être savant!
DU SOTIN.
J'en sais encor bien davantage.
THÉRÈSE.
Comment encor?
DU SOTIN.
Assurément.
THÉRÈSE.
V'z'en savés long. Mais queu dommage!
DU SOTIN.
Quel plaisir!
THÉRÈSE.
Quel dommage!

Ensemble.
MATHURIN.
Morbleu, j'enrage
De n'être encor qu'un ignorant.
THÉRÈSE.
Quel dommage
De n'être encor qu'un ignorant.
DU SOTIN.
Ah! quel plaisir d'être savant.
Si vous voulés que la Science
Un peu succède à l'ignorance...
MATHURIN.
Que faut-il faire?
DU SOTIN.

Apprendre le latin.
THÉRÈSE.
C'est bien pensé. Ah! Monsieur Du Sotin,
Montrés-lui vite le Latin.
Ah! quelle peine, ah! quel chagrin
De ne pas savoir le Latin!

Ensemble.
MATHURIN.
Oui, Monsieur Du Sotin,
Montrés-moi vite le Latin.
THÉRÈSE.
Oui, Monsieur Du Sotin,
Montrés-lui vite le Latin.
MATHURIN.
Touchés-là, oui, Monsieur Du Sotin,
Je veux apprendre le Latin.
DU SOTIN.
De tout mon cœur, oui, Monsieur Mathurin,
Je vous montrerai le Latin.
MATHURIN.
C'est que je suis vieux.
THÉRÈSE.
C'est grand dommage.
Mathurin a cinquante ans!
DU SOTIN.
Pourquoi se récrier?
THÉRÈSE.
Pour parvenir, ô le bel Ecolier!
DU SOTIN.
Il ne vous faut que du courage.

Ensemble.
THÉRÈSE.
Vive, vive Monsieur Du Sotin
Qui va nous montrer le Latin.
DU SOTIN.

Je vous l'ai dit, oui, Monsieur Mathurin
Je vous montrerai le Latin.
MATHURIN.
Touchés-là, Monsieur Du Sotin.
Je veux apprendre le Latin.

THÉRÈSE.

Voilà assés de folies entendues pour aujourd'hui. Je préfère retourner à ma cuisine. Mon mari, je crois bien que tu perds la cervelle. Et vous, Monsieur…

MATHURIN.

Ah! Te tairas-tu donc? (*Bas, à Du Sotin.*) Comment dites-vous « va-t-en » en latin?

DU SOTIN, bas.

« Vade retro. »

MATHURIN, bas.

Comment?

THÉRÈSE.

Vous complotez?

DU SOTIN, bas.

« Vade retro », vous dis-je.

MATHURIN, se plantant devant Thérèse.

Va, t'es d'trop!

THÉRÈSE.

Effronté! (*Elle lui applique un soufflet.*)

DU SOTIN.

Mais, Madame, il voulait dire... (*Thérèse lui applique un soufflet.*)

THÉRÈSE, furieuse.

Je vais vous apprendre, moi, à venir me dire que je suis d'trop dans ma propre maison. (*Elle tape sur les deux avec son balai et les poursuit à l'extérieur.*)

SCENE V.
CÉCILE, LUCAS.

CÉCILE, accourant.

Mais quel est donc ce bruit?

LUCAS, accourant derrière elle.

J'sais pas mais ça v'nait certainement d'en dedans.

CÉCILE, se retournant.

Ah! te voilà, toi! Ne t'avais-je pas dit de m'attendre ici? Que faisais-tu dehors? Tu risquais de rencontrer Papa.

LUCAS.

C'est justement en dedans que j'suis tombé su lui. J'ai pas eu moyen d'dire un mot qu'y m'a foutu des coups puis poussé dehors.

CÉCILE.

Et là que faisais-tu autour de la maison?

LUCAS.

Mais puisque je te dis que ton père m'a foutu dehors.

CÉCILE.

Il fallait t'éclipser lorsqu'il est arrivé. Tu vas compliquer notre affaire.

LUCAS.

J'vois pas comment je peux être dehors et en-dedans dans le même tems.

CÉCILE.

Il fallait m'attendre où je t'avais dit. Mais il ne faut pas non plus te trouver là où tu ne dois pas être vu.

LUCAS.

Il faut que je reste et puis faut que je m'éclipse. Il faut que j'demande ta main à ton père puis faut pus que j'm'en mêlions. J'ons pas deux têtes, moi.

CÉCILE.

Mais, Lucas…

LUCAS.

Si tu m'aimais comme tu disais, tout serait pas si compliqué. Au lieu de me quereller, tu me chanterions fleurette comme moi j'aime à le faire.

CÉCILE.

Allons, Lucas, pardonne-moi. Tiens, écoute.

Arriette.

CÉCILE.
Lucas, je t'ai donné ma foi,
Et mon cœur ne saurait feindre.
En vain veut-on me contraindre
À ne plus songer à toi.
Ah! ne crains pas cet outrage!

Que mon père fasse rage,
Qu'il me traite avec rigueur,
Je subirai mon malheur.
Puis-je, hélas, le satisfaire?
Non, toi seul as su me plaire.
Non, rien ne changera mon cœur.

LUCAS.

Chère Cécile.

CÉCILE.

Il ne faut pas désespérer de notre cause. Maman nous appuie et elle saura bien trouver le moyen de faire entendre raison à Papa. Allons, va. Il ne faut pas qu'il te trouve ici à nouveau.

LUCAS.

Cette fois, j'ons compris. J'm'en vas m'cacher.

CÉCILE.

C'est cela. Et attend que je te fasse signe avant de te montrer.

LUCAS, avant de sortir.

Tu m'aimes ben, hein?

CÉCILE.

Oui, je t'aime, gros bêta. (*Ils sortent chacun de leur côté.*)

SCENE VI.
DU SOTIN.

DU SOTIN, courbaturé, hésitant à entrer.

Personne? (*Sortant son mouchoir pour s'éponger le visage.*) Quelle idée t'as pris, Du Sotin, de t'infiltrer dans cette maison? Et cette furie qui joue du balai comme une diablesse. (*Il se laisse tomber dans un fauteuil.*) Toutefois, il y a quelque plaisir à se moquer du paysan. Il est homme à avaler n'importe quelle sornette, pourvu qu'on lui dise que ce sont de ces sornettes-là qu'on avale chez le gouverneur. Sur lui, les bêtises prennent comme des incantations magiques : « Cela est du meilleur ton, Monsieur Mathurin. » « C'est ce que doivent connaître les gens de qualité, Monsieur Mathurin. » (*Il se lève et fait la révérence.*) « Comme ceci, Monsieur Mathurin. Voilà. Vous êtes tout à fait convenable. » Et la meilleure : « Il faut apprendre le latin, Monsieur Mathurin. » (*Il rit.*) Quand à la fille, elle est fort mignonne. Et, ma foi! il ne serait pas désagréable de soulever ce cotillon... Elle ne serait pas ma première conquête. Et j'en sais plus d'une qui lèveraient le nez moins haut qu'elle.

Arriette.

DU SOTIN.
Je ne m'en fais point accraire,
Mais, sans façon,
À plus d'un tendron,
J'ai le bonheur de plaire.
Le plus souvent,
En me voyant,
Jeune fillette
Soupire tendrement,
Et dit en cachette :
« D'honneur, il est charmant! »

DU SOTIN.

Ah! Cécile. Tu ne perds rien pour attendre. Je saurai bien trouver le moyen de te faire tomber dans mes filets. Mais, attention. Voici la dupe.

SCENE VII.
DU SOTIN, MATHURIN.

MATHURIN.

Mon pauvre dos…

DU SOTIN, l'imitant.

Ah! Mon pauvre dos…

MATHURIN.

Comment? Vous voici? (*Regardant autour.*) Elle n'est pas là?

DU SOTIN.

N'ayez crainte. Manifestement, votre femme n'entend pas le latin.

MATHURIN.

Elle n'entend que sottises.

DU SOTIN.

Heureusement que vous êtes là. Je me sens plus en sécurité maintenant.

MATHURIN, hésitant.

Euh... Oui, certainement.

DU SOTIN.

Vous saurez rétablir la situation.

MATHURIN.

Cela va de soi.

DU SOTIN.

C'est vous qui portez la culotte ici.

MATHURIN, prenant de l'assurance.

Sans doute.

DU SOTIN.

Elle ne perd rien pour attendre.

MATHURIN.

Elle aura affaire à moi!

DU SOTIN.

Une femme doit obéir à son mari.

MATHURIN.

Absolument!

DU SOTIN.

Une fille doit obéir à son père.

MATHURIN.

Tout à fait!

DU SOTIN, adoucissant le ton.

Votre fille, par ailleurs, est charmante…

MATHURIN, toujours emporté.

C'est cela! Elle est charmante!! Et elle devra ben faire comme je lui dirai!

DU SOTIN.

… douce, délicate et spirituelle.

MATHURIN.

Pardon?…

DU SOTIN.

Je dis que votre fille est charmante.

MATHURIN.

Euh... Oui. Elle est seulement un p'tit brin entêtée.

DU SOTIN.

L'entêtement peut avoir du bon. Il dénote une complexion d'humeurs décidées, faites pour réaliser ses désirs. Une jeune fille entêtée ne demande qu'à rencontrer une tête plus forte qu'elle. Alors, elle s'adoucit.

MATHURIN.

Il en est p't'être ben ainsi.

DU SOTIN.

Il en est comme je vous dis. Je m'y connais. C'est la science des caractères. Et je m'y connais en caractères.

MATHURIN.

Faudra-t-il aussi apprendre les caractères?

DU SOTIN.

Comment faire autrement?

MATHURIN.

Il faut apprendre les caractères.

DU SOTIN.

Car, voyez-vous, un homme qui connaît la science des caractères est mieux à même de saisir l'essence d'une personne…

MATHURIN.

L'essence...

DU SOTIN.

Prenons un exemple. Une jeune fille innocente résiste aux avances d'un galant homme. La jeune fille est charmante. Le galant homme est jeune encor, savant, bien placé dans le monde, il a de la fortune, ses entrées chez le gouverneur, etc., etc. Ce n'est qu'un exemple. Comment fera le galant homme pour amener la jeune fille à s'intéresser à lui? Il lui faudra étudier son caractère.

MATHURIN.

Son caractère...

DU SOTIN.

Précisons notre exemple. Prenons votre fille Cécile. Ce n'est qu'un exemple. Votre fille résiste à un galant homme.

MATHURIN.

Comment? Ma fille!

DU SOTIN.

Ce n'est qu'un exemple, vous dis-je. Selon vous, par quel moyen le galant homme pourra-t-il fléchir le cœur de Cécile.

MATHURIN, hésitant.

Par l'étude du caractère?…

DU SOTIN.

Non. Il devra convaincre son père. La petite fera ce que son père lui dira et le tour est joué.

MATHURIN.

On voit que vous ne connaissez pas ma fille.

DU SOTIN.

Quoi? Votre fille ne vous obéira-t-elle donc pas?

MATHURIN.

Assurément.

DU SOTIN.

Votre fille oserait tenir tête à son père?

MATHURIN.

Il n'est pas question de cela.

DU SOTIN.

Vous êtes le maître.

MATHURIN.

C'est vrai.

DU SOTIN.

Si vous décidez de donner votre fille à un galant homme, elle n'a qu'à obéir.

MATHURIN.

Elle obéira!

DU SOTIN.

Voilà ce que nous appelons l'étude du caractère.

MATHURIN.

C'est fort ben ainsi.

DU SOTIN.

De toute façon. Après le mariage, une fille est toujours contente. Mais avant, elle a besoin de ses parents pour éclairer son choix.

MATHURIN.

Le caractère de ma fille est tout étudié.

DU SOTIN.

Avant, elle résiste.

MATHURIN.

Mais après, elle est contente.

Arriette.

MATHURIN.
Fillette à cet âge
N'entend point l'badinage,
La pudeur la rend sauvage
Et de son cœur
Elle sait cacher l'ardeur
Jusqu'au jour du mariage.
Mais aussi après l'instant
Qu'amour attend,
Ah! Ah! c'est ben différent.
Alors moins timide,
Le plaisir la guide.
C'est un p'tit lutin
Qui met l'monde en-train.

(Mathurin et Du Sotin se serrent la main et sortent sur la
fin de la musique.)

ACTE TROISIÈME.

Le théâtre représente le même bois ou jardin qu'au Premier Acte.

SCENE PREMIÈRE.
THÉRÈSE.

THÉRÈSE.

Toute la journée je me suis retournée la cervelle. Comment trouver le moyen de fléchir Mathurin? Quand mon mari a pris quelqu'un en aversion... (*Thérèse se met à son rouet pour filer sa laine.*) Mais l'amour doit l'emporter et nous trouverons un stratagème. Mathurin devra bien accepter Lucas.

Arriette.

THÉRÈSE.
Quand j'étais fille,
J'étais gentille
Et ne manquais pas d'amoureux.
Mais j'étais sage,
Et leur hommage
Était toujours respectueux.

Lucas et Cécile

Tout en filant j'aime à m'en souvenir.
Et y songeant, j'ons toujours du plaisir.

2e couplet

Quand sur l'herbette,
Libre et seulette,
Je chantais en filant mon lin,
Un Berger tendre,
Pour mieux m'entendre,
Se cachait au bosquet voisin.
Tout en filant...

3e couplet

Dans le Ménage,
Quand on s'engage,
Le plus beau c'est le premier jour.
Mais quoi qu'on dise,
Si c'est sottise,
Chacun la veut faire à son tour.
Tout en filant...

Mais voici justement Mathurin qui vient. Tâchons de l'enjoler un peu pour voir.

SCENE II.
THÉRÈSE, MATHURIN.

THÉRÈSE.

72

Quelle douce soirée, Mathurin. (*Mathurin ne répond pas.*) Ne trouves-tu pas que le temps est doux, Mathurin?

MATHURIN.

C'est de saison.

THÉRÈSE.

Ne trouves-tu pas qu'il y a des saisons plus douces que d'autres, Mathurin?

MATHURIN.

Si fait. L'été. L'été c'est plus doux.

THÉRÈSE.

Je me souviens, Mathurin, comme nous trouvions des douceurs à tout dans les premiers temps de notre mariage. (*Mathurin ne répond pas.*) Nous étions heureux tous les deux. (*Mathurin ne répond pas.*) Nous allions cueillir des cerises ensemble.

MATHURIN.

C'était au mois d'août.

THÉRÈSE.

Tu t'en souviens?

MATHURIN.

Les cerises, ça pousse au mois d'août.

THÉRÈSE.

N'as-tu pas remarqué, Mathurin, comme notre fille a grandi?

MATHURIN.

Si fait.

THÉRÈSE.

Comme le temps passe. (*Mathurin ne répond pas.*) Elle est en âge de faire sa vie maintenant. (*Mathurin ne répond pas.*) C'est une brave fille. (*Mathurin ne répond pas.*) À son âge, on n'a pas encore connu les chagrins. On a la vie devant soi. On veut être heureux. (*Elle jette un coup d'œil à Mathurin qui ne répond pas.*) Te souviens-tu, Mathurin, du jour où tu as demandé ma main à mon père?

MATHURIN.

Oui.

THÉRÈSE.

Notre bonheur fut bien grand quand il a dit...

MATHURIN.

Non.

THÉRÈSE.

Quoi?

MATHURIN.

Ton père a dit non.

THÉRÈSE.

C'est-à-dire qu'il a d'abord dit non mais qu'il a fini par dire oui. (*À part.*) La vieille mule! (*À Mathurin.*) Heureusement. (*Mathurin ne répond pas.*) Heureusement qu'il a fini par dire oui.

MATHURIN.

J'ai eu ce que j'ons voulu.

THÉRÈSE.

Et maintenant c'est au tour de Cécile.

MATHURIN.

Eh, oui.

THÉRÈSE.

C'est son tour d'être heureuse.

MATHURIN.

Eh, oui.

THÉRÈSE.

Et d'épouser un jeune homme qui lui convient.

MATHURIN.

Eh, oui.

THÉRÈSE.

Il n'en tient qu'à nous de faire son bonheur.

MATHURIN.

N'est-ce pas notre devoir?

THÉRÈSE.

Si fait.

MATHURIN.

N'est-elle pas notre plus cher bien?

THÉRÈSE.

Ah! Mathurin! Je sais bien ce qui la rendrait heureuse.

MATHURIN.

Je le savons aussi.

THÉRÈSE.

Tu es donc prêt à lui accorder sa main?

MATHURIN.

Eh, oui.

THÉRÈSE.

C'est Cécile qui sera contente.

MATHURIN.

Monsieur Du Sotin aussi.

THÉRÈSE.

Quoi?

MATHURIN.

Cécile épousera Monsieur Du Sotin.

THÉRÈSE.

Juste ciel! Une nouvelle calamité! As-tu perdu la tête?

MATHURIN.

Monsieur Du Sotin lui fera un excellent époux. Il a suffisamment de bien pour se passer de dot. Et puis il sera toujours à la maison pour m'enseigner. Je ne saurions avoir un meilleur gendre que Monsieur Du Sotin.

THÉRÈSE.

Quand t'a-t-il demandé sa main?

MATHURIN.

Il ne me l'a pas encore demandé.

THÉRÈSE.

Dieu merci!

MATHURIN, sortant.

Mais ça ne va pas tarder.

THÉRÈSE, le suivant.

Cécile n'épousera pas cet épouvantail. Je suis sa mère!

MATHURIN, en coulisse.

Cécile fera ce que son père lui dira!

SCENE III.
DU SOTIN.

DU SOTIN.

Mes affaires vont bon train. Mathurin est homme à tomber dans toutes les machines qu'on lui tend. Il me faut maintenant m'occuper de la belle Cécile. Quelle charmante créature! (*Il s'approche d'un banc où Cécile a laissé son manteau.*) C'est son manteau que voilà. (*Il le prend et fait mine de l'enlacer.*) Ah! La belle enfant! Nous sommes seuls. Crie tant que tu voudras. Personne ne peut t'entendre. Abandonne-toi. Quoi? Tu suffoques? Laisse-moi te délacer. (*Au public.*) Plus elle me résiste et plus mon ardeur augmente. Je n'aurai de cesse qu'elle ne soit tombée dans mes bras. Mais elle s'est entichée de ce Lucas et la séduire sera difficile. Mieux vaut se la faire donner par le père et se la faire doter généreusement. Mais voilà quelqu'un qui vient.

Est-ce elle? (*Il observe.*) Ciel! C'est Lucas. Cachons-nous vite pour ne pas être aperçu. (*Il se cache derrière un bosquet en emportant le manteau de Cécile.*)

SCENE IV.
DU SOTIN, LUCAS.

LUCAS, qui n'a pas aperçu Du Sotin.

J'en pouvons pus de m'cacher, moi. Faut que j'voyons Cécile. Elle a l'habitude de sortir prendre le frais le soir après souper. J'vas la guetter quand elle va sortir. (*Il se cache derrière un bosquet à l'opposé de Du Sotin.*)

DU SOTIN, à part.

Que fait-il?

LUCAS, à part.

Elle tarde à venir.

DU SOTIN, à part.

Il ne m'a pas vu.

LUCAS, à part.

Va-t-elle arriver, enfin?

DU SOTIN, à part.

Va-t-il s'en aller, le maraud?

LUCAS, à part.

Morguenne, j'suis pas sorti d'ma cachette pour venir me cacher dans l'bois.

DU SOTIN, à part.

Mais va-t-en donc.

LUCAS, à part.

Il me semble que j'ai entendu queuque chose.

DU SOTIN, à part.

Je suis découvert.

LUCAS, à part.

Ça gigote là-bas dans l'bosquet.

DU SOTIN, à part.

Il m'a vu. Vite, mettons le manteau de Cécile et essayons de nous esquiver. (*Il revêt le manteau et tente de s'enfuir.*)

LUCAS, le rattrapant.

Je t'ai attrapée! (*Du Sotin se cache à l'aide du manteau et du capuchon.*) J'suis ben aise de t'trouver, Cécile. J'm'ennuyais d'tes caresses. Est-ce que j'devrai rester caché encore longtems? (*Du Sotin fait signe que oui.*) Ton père ne devient-y pas raisonnable? (*Du Sotin fait signe que non.*) Et l'affreux pédant, il te tourne toujours après? (*Du Sotin fait signe que non.*) Ah! Si je l'tenais, lui, il passerait un mauvais quart d'heure. (*Du Sotin se cache davantage.*) Je l'écraserais comme une punaise. Je lui arracherais les dents. Je lui ferais avaler ses rubans. (*Du Sotin fait signe que non.*) Comment non? Tu ne veux pas que je lui arrache les bras? Tu ne veux pas que je lui brise les reins? (*Du Sotin fait signe que non.*) Laisse-moi au moins lui donner une petite correction. Juste un ou deux petits coups de poings. (*Du Sotin fait signe que non.*) Rien qu'une taloche. (*Du Sotin fait signe que non.*) Allons, bon. Si tu veux pas que je l'étrille, donne moi un bécot. (*Il se serre contre Du Sotin qui s'enfouit dans sa cape et fait signe que non. Lucas essaie de lui retirer son capuchon et de lui prendre la main.*)

DU SOTIN, se dégageant.

Ah! La peste soit du maraud!

LUCAS.

Comment? Qu'est-ce là? Monsieur Du Sotin?

DU SOTIN.

Laisse-moi tranquille.

LUCAS.

Vous avez fini de rôder autour de Cécile.

DU SOTIN.

Assez discuté et retourne d'où tu viens.

LUCAS

J'm'en vas vous régler vot'compte une bonne fois.

DU SOTIN.

Je te préviens, ne me met pas en colère.

LUCAS.

Si vous approchez, j'vous assomme.

SCENE V.
DU SOTIN, LUCAS, THÉRÈSE.

Trio.

DU SOTIN.
Point de badinage.
LUCAS.
C'n'est point badinage.
Méfiez-vous d'Lucas,
Ne m'approchés pas
Ou j'vous dévisage.
DU SOTIN.
Tiens, crois-moi, Lucas,
Ne me fâche pas,
Finis ton langage.
THÉRÈSE..
Pourquoi ce tapage?
Cessés ce fracas,
Ne vous battés pas.
D'où vient cette rage?
Cessés, cessés tout ce fracas.
Pourquoi ce badinage?
Pourquoi ce fracas.

THÉRÈSE.

M'expliquera-t-on, à la fin, ce qui se passe ici?

LUCAS ET DU SOTIN, en même temps.

(*LUCAS.*) – Ce fripon de pédant rôdait autour de la maison et je l'ai pris pour Cécile.
(*DU SOTIN.*) – Je venais voir Monsieur Mathurin quand ce maraud m'as pris pour Cécile.

THÉRÈSE.

Ne parlez donc pas en même temps. Je comprends trop bien ce qui en est. Allons, rentrez chez vous et que je ne vous y reprenne plus à tourner la nuit autour de ma maison. (*Lucas et Du Sotin tentent de se donner des taloches par-dessus Thérèse.*) Ah! Paix! Toi par là! Et vous par là! (*Ils sortent. Thérèse arpente la scène.*) Cette situation devient trop compliquée. Comment? Faudra-t-il que l'amour subisse cet affront? Foi de Thérèse, il n'en sera rien.

SCENE VI.
THÉRÈSE, CÉCILE.

THÉRÈSE, appelant.

Cécile!

CÉCILE.

Oui, Maman. Que se passe-t-il donc?

THÉRÈSE, entraînant Cécile vers le banc.

Rien, ma fille, rien. C'étaient des matous qui se battaient. Il y a plus grave pour le moment.

CÉCILE.

Vous m'alarmez.

THÉRÈSE.

Ton père s'est mis en tête de te donner à Monsieur Du Sotin.

CÉCILE.

C'est la catastrophe. (*Toutes deux prennent un air accablé.*)

THÉRÈSE.

Tu connais ton père.

CÉCILE.

Hélas.

THÉRÈSE.

La tête dure comme une bûche.

CÉCILE.

C'en est fait de moi.

THÉRÈSE.

Hélas.

CÉCILE.

J'entre au couvent.

THÉRÈSE, se ressaisissant tout à coup.

Jamais! Tout n'est pas encore perdu. Il doit bien y avoir un moyen…

CÉCILE.

Ah! Maman, trouvés vite quelque chose pour me sortir de cet embarras car ce Du Sotin… ce Du Sotin…

Arriette.

CÉCILE.
Lorsqu'il veut être galant,
Qu'il me déplaît, qu'il m'ennuie!
Non, il n'est point dans la vie
De plus insipide amant,
De plus ridicule amant.
Sa présence est un tourment,
Il me poursuit, il me gêne.
Pour l'éviter je prends autant de peine
Qu'à me chercher il met d'empressement.
Mais que c'est bien différent!
Quand dans la plaine
Je vois Lucas
Que sur mes pas
L'amour amène,
Le tendre amour amène.

THÉRÈSE.

Je t'entends bien. Mettons vite un terme à cette comédie. (*Elle entraîne Cécile vers la maison.*) Viens, ma fille. Le temps presse. Allons envisager les moyens de la bataille. Nous allons sortir toutes nos batteries.

SCENE VII.
DU SOTIN, MATHURIN.

MATHURIN, traînant Du Sotin avec lui.

Non, non, non. C'est trop de gentillesse que vous me faites d'être venu me visiter. Et je bénis le hasard qui m'a fait vous rencontrer sur le chemin du retour. Quand je pense que j'aurais pu vous manquer!

DU SOTIN.

On m'a dit que vous n'étiez pas là.

MATHURIN.

Mais j'y suis. Vous voyez bien que j'y suis. Ne suis-je pas toujours là pour vous?

DU SOTIN.

Votre femme n'est pas souvent de cet avis.

MATHURIN.

Ma femme n'a qu'à tenir sa place.

DU SOTIN.

Vous parlez en maître de la maison. Votre autorité fait plaisir à voir.

MATHURIN.

C'est que j'entends régner dans mon ménage. Un homme n'est heureux que quand il sait se faire respecter.

DU SOTIN.

Soit.

MATHURIN.

Cheux nous, c'est moi qui commande.

DU SOTIN.

Cela crève les yeux.

MATHURIN.

Il y a dans le ménage un plaisir furieux à commander.

DU SOTIN.

On vous envie.

MATHURIN.

Je ne souffre pas qu'on me désobéisse.

DU SOTIN.

Assurément.

MATHURIN.

Et vous aimeriez être à ma place.

DU SOTIN.

Sans doute. (*À part.*) Dieu m'en garde. (*À Mathurin.*) Vous bénéficiez d'un état qui m'est étranger. Voyez-vous, je ne jouis que de moi-même.

MATHURIN.

Ah! Il serait facile d'y remédier.

DU SOTIN.

Je ne vois pas comment.

MATHURIN.

En épousant.

DU SOTIN, à part.

Ça y est. L'homme est mûr. (*À Mathurin.*) Quoi? Le mariage? Je n'y avais jamais pensé.

MATHURIN.

Il faut ben y songer tôt ou tard.

DU SOTIN.

Et, selon vous, j'épouserais...

MATHURIN.

Une femme.

DU SOTIN.

Sans doute. Mais la vie solitaire a ses plaisirs. Jeune, on cherche à s'amuser. Et où trouver le temps pour l'étude quand il faut veiller aux soins du ménage?

MATHURIN.

J'y parviens ben, moi. (*Du Sotin a un petit rire. Mathurin répond par un petit rire.*)

DU SOTIN.

C'est juste. Mais votre fille est élevée, votre carrière est faite et vous pouvez vous accorder les loisirs de la maturité. (*À part.*) Résistons un peu et voyons si la bourse suivra la progéniture. (*À Mathurin.*) Ah! Non. Je ne peux m'y résoudre.

MATHURIN.

Le mariage…

DU SOTIN.

Non.

MATHURIN.

Le mariage procure des avantages…

DU SOTIN.

Je ne peux pas.

MATHURIN.

… des avantages…

DU SOTIN.

Ne me tentez pas je vous prie!

MATHURIN.

C'est un état...

DU SOTIN.

Je n'en suis pas digne!

MATHURIN.

Comment? Vous n'en êtes pas digne?

DU SOTIN.

Non. Je n'en suis pas.

MATHURIN.

Vous l'êtes.

DU SOTIN.

Non.

MATHURIN, s'emportant.

Vous l'êtes, vous dis-je!

DU SOTIN.

Peut-être avez-vous raison après tout.

Dialogue en chant.

MATHURIN.
Le mariage est un état bien doux.
DU SOTIN.
Oui, oui, très doux,
Mais je suis trop volage
Pour être Epoux.
MATHURIN.
Eh bien! mariés-vous.
DU SOTIN.
Non, je suis trop volage.
MATHURIN.
Dans le ménage on devient sage.
DU SOTIN.
L'on devient fou quand on prend de l'ombrage,
Et entre nous je suis un peu jaloux.
MATHURIN.
Quoi? vous, jaloux?
DU SOTIN.
Oui, moi, jaloux.
MATHURIN.
Pourquoi jaloux?
DU SOTIN.
Je suis jaloux.
MATHURIN.
Quand on prend femme sage!
Le mariage est un état si doux.
DU SOTIN.
Oh! oui, très doux,
J'en conviens avec vous.
Mais je suis trop volage,
Oui, trop volage,

Pour être Epoux.
MATHURIN, en même temps.
Eh bien! pour être sage,
Soiés Epoux.

DU SOTIN.

Mais où trouverai-je une femme sage? Elles sont toutes corrompues par le siècle.

MATHURIN.

J'en connais une.

DU SOTIN.

Qui soit fidèle, intelligente, douce, obéissante et plaisante à regarder?

MATHURIN.

Elle est tout ça.

DU SOTIN.

Est-ce possible?

MATHURIN.

Comme vous me voyez.

DU SOTIN.

Et qui soit dotée…

MATHURIN.

De toutes les qualités.

DU SOTIN.

Je veux dire, qui apporte à son mari…

MATHURIN.

Toutes sortes de satisfactions.

DU SOTIN.

Enfin, qui par le mariage contribuera…

MATHURIN.

Au bonheur de son époux.

DU SOTIN, à part.

Le diable l'emporte avec son avarice.

MATHURIN.

Vous avez dit?

DU SOTIN.

Que la chose mérite qu'on y réfléchisse. Mais qui est donc cette belle enfant? (*Mathurin a un petit rire. Du Sotin répond par un petit rire.*)

MATHURIN.

Cécile.

DU SOTIN, feignant l'étonnement.

Votre fille?

MATHURIN.

Mon enfant.

DU SOTIN.

Je ne peux pas accepter l'honneur d'entrer dans votre famille. Je n'en suis pas digne.

MATHURIN.

Pas digne de ma fille?

DU SOTIN.

Non. De vous.

MATHURIN.

Mais je suis votre serviteur.

DU SOTIN.

Dût-elle m'être offerte avec une dot énorme, je ne saurais accepter.

MATHURIN.

Euh…

DU SOTIN.

Fût-elle riche héritière…

MATHURIN.

Mais je ne suis pas encore mort.

DU SOTIN.

Même mort, je ne vous vaus pas.

MATHURIN.

C'est trop d'honneur que vous me faites. Tenez. Prenez Cécile. Je la dote de deux cents écus.

DU SOTIN.

Ah! Non. J'aurais l'impression de vous ravir votre bien.

MATHURIN, se réjouissant.

Alors, nous n'avons qu'à laisser tomber la…

DU SOTIN.

Je m'en voudrais de vous ravir votre fille.

MATHURIN, à part.

Va-t-il se décider à la fin?

DU SOTIN, à part.

Déliera-t-il sa bourse, oui ou non? (*À Mathurin.*) Et puis, je n'aurai pas les moyens de donner à votre fille un train de vie qui soit digne de vous.

MATHURIN, se fâchant.

Allons, allons. J'augmente de cent écus la dot de ma fille. Là! (*Il lui met une bourse dans les mains.*)

DU SOTIN, soupesant la bourse.

Il me faut consulter ma conscience un instant.

MATHURIN.

C'est tout consulté. (*Du Sotin fait mine de réfléchir.*)

Arriette.

DU SOTIN.
Eh bien, c'est fait, c'est fait, beau-père,
L'amour enfin m'éclaire,
L'amour parle à mon cœur.
Ah! quel instant flatteur!
Oui, oui, je me décide.
C'est lui seul qui me guide.
Ah! quel instant flatteur!
Quel moment enchanteur!

MATHURIN.

Il faut vite chercher Cécile.

DU SOTIN.

Mais la chère enfant m'acceptera-t-elle pour époux?

MATHURIN.

Cécile est une fille obéissante et je suis son père. Elle fera ce qu'on lui dira.

DU SOTIN.

Mais si elle résiste?

MATHURIN.

Elle ne résistera pas. Je vous veux pour gendre et cela ne la regarde pas.

DU SOTIN, feignant l'émotion.

Je vous suis obligé. Tenez! Autant vous l'avouer. Ce n'est que pour vous que j'épouse votre fille.

MATHURIN.

Ah, non. C'est trop…

DU SOTIN.

C'est pour devenir votre gendre que je convole.

MATHURIN.

Je ne mérite pas…

DU SOTIN, solennel.

Ce n'est pas votre votre fille que j'aime. (*Il le regarde en face.*) C'est vous.

MATHURIN, ému.

Ah! Je suffoque. Un notaire, vite!

SCENE VIII.
DU SOTIN, MATHURIN, THÉRÈSE, CÉCILE, LUCAS.

THÉRÈSE, entrant précipitamment.

Doux Jésus! Quelle catastrophe! Quelle calamité! (*Mathurin et Du Sotin la regardent, étonnés.*) Pauvres de nous! (*Elle s'écroule sur le banc.*) C'est la fin!

MATHURIN.

Quoi?

THÉRÈSE.

Ça ne peut pas s'imaginer.

MATHURIN.

Mais quoi?

THÉRÈSE.

Notre fille…

MATHURIN.

Quoi, notre fille?

THÉRÈSE.

En revenant, sur la route…

MATHURIN.

Qu'est-il arrivé?

THÉRÈSE.

Elle a rencontré Lucas. Ah! Dieu tout puissant! La pauvre enfant…

MATHURIN.

As-t-elle eu un accident?

THÉRÈSE.

Hélas…

MATHURIN.

Elle n'est pas morte, au moins?

THÉRÈSE.

Lucas ne veut plus d'elle.

MATHURIN, soulagé.

Ce n'est que ça?

THÉRÈSE.

Non. Il y a pire.

MATHURIN.

Comment?

LUCAS, entrant précipitamment, suivi de Cécile.

Non et non! J'veux pas d'une pauvresse!

CÉCILE.

Tu m'as juré ta foi.

LUCAS.

J'la déjure.

CÉCILE, se jetant dans les bras de sa mère.

Maman! Que je suis malheureuse!

THÉRÈSE.

Ma pauvre enfant.

MATHURIN.

Va-t-on m'expliquer!

LUCAS.

Comment? Vous n'savés pas encore? Personne n'en voudra de vot'fille après ce qui vous est arrivé.

DU SOTIN.

Surveille ton langage quand tu parles de ma future.

LUCAS.

Vot'future! Vous m'faites rire! Gardés-la, vot'future.

THÉRÈSE.

Quelle catastrophe.

CÉCILE.

Quelle calamité.

MATHURIN.

Mais qu'est-ce qui se passe, enfin?

LUCAS.

Le notaire Panetier. Ouste…

MATHURIN.

Comment ça, ouste?

LUCAS.

Vous aviez ben mis vos biens cheux le notaire Panetier?

MATHURIN.

Comment tu sais ça, toi?

LUCAS.

Ouste…

CÉCILE.

C'est affreux.

MATHURIN, saisissant Lucas par le collet.

Vas-tu parler, à la fin?

LUCAS.

V'là que vot'notaire il s'est sauvé avec vos biens pis ceux des autres. On parle que d'ça dans l'village. V'là c'que c'est. (*Thérèse et Cécile redoublent leurs cris.*)

MATHURIN.

Quoi?

LUCAS.

Ruiné qu'vous êtes!

DU SOTIN, à part.

Dans quoi me suis-je mis?

MATHURIN.

Nous sommes ruinés?!

LUCAS.

Il vient de vous faire une vilaine jambette, vot'notaire, et vous v'là estropié dans votre fortune. Vous pouvez garder vot'Cécile. J'en voulons pus.

CÉCILE.

Maman!

THÉRÈSE.

Heureusement qu'il nous reste Monsieur Du Sotin.

DU SOTIN.

C'est que…

MATHURIN.

Ah! Mon gendre. Il faut marier ma fille à l'instant.

DU SOTIN.

C'est que, voyez-vous…

CÉCILE.

Je veux Monsieur Du Sotin pour mari!

LUCAS, à part.

Elle y va un peu fort…

DU SOTIN, cherchant à s'esquiver.

Mais, je ne savais pas qu'elle était déjà promise et…

MATHURIN.

Puisqu'elle vous veut!

CÉCILE.

Je veux Monsieur Du Sotin.

DU SOTIN.

Non, non. Je ne saurais désunir des liens…

LUCAS.

J'en voulons pus d'vot'future.

DU SOTIN.

Je ne peux plus me marier.

MATHURIN, retirant la bourse des mains de Du Sotin.

Vous ne voulez pus de ma fille? Après tout ce que vous m'avez dit?

DU SOTIN, s'esquivant.

C'est que… je suis attendu. (*Il sort.*)

SCENE IX.
MATHURIN, THÉRÈSE, CÉCILE, LUCAS.

MATHURIN.

Ah! Quel malheur! (*Thérèse, Cécile et Lucas éclatent de rire.*) Quoi? Vous trouvez moyen de vous moquer alors qu'on m'arrache le sang des veines! (*Les rires redoublent.*)

THÉRÈSE.

Ne vois-tu pas que c'est une comédie que nous t'avons jouée?

MATHURIN.

Comment?

THÉRÈSE.

Ton Monsieur Du Sotin s'est enfui bien vite quand tu t'es trouvé ruiné. Il ne voulait que la dot de Cécile. Toutes ses manigances ne visaient que cela.

MATHURIN.

Je ne suis donc pas ruiné?

CÉCILE.

Mais non, Papa.

MATHURIN.

Ah! Je respire.

THÉRÈSE.

Et maintenant tu vas donner ton consentement à ces enfants qui s'aiment, mon mari, car, vois-tu, l'amour doit toujours triompher.

MATHURIN.

Non. Je ne veux pus entendre parler de mariage avant qu'elle soit vieille fille!

CÉCILE.

Mais, Papa!

MATHURIN.

On n'en veut qu'à mon bien dans cette maison. Qu'il est difficile d'avoir une fille à marier!

Arriette.

LUCAS.
Ah! gardés, gardés votre bien.
Et rendés-moi l'âme contente.
J'n'en voulons pas,
J'n'en voulons rien.
C'n'est pas vot'or qui me tente.
C'n'est pas vot'or qui nous tente.
Si vous daignés former ces nœuds,
Cécile suffit à mes vœux.
J'n'en demandons rien davantage.
Ensemble je serons heureux,
Et ce bonheur s'ra vot'ouvrage.
Mon cœur ne l'oubliera jamais,

Et j'attestons ici d'avance
Que ma vive reconnaissance
Saura bien vous le prouver.
Mais gardés, gardés votre bien...

THÉRÈSE.

Voilà des paroles sensées. (*S'approchant de Mathurin.*)
Mathurin...

CÉCILE, s'approchant de Mathurin de l'autre côté.

Petit Papa...

MATHURIN.

Soit. J'y consens. Vous avés raison : l'amour doit toujours triompher. Allons, qu'on se prépare pour la fête et que tous les gens du village viennent célébrer avec nous.

Chœur.

CÉCILE, THÉRÈSE, LUCAS, MATHURIN.
Plus de tristesse!
Que sans cesse
Dans ces lieux l'on soit heureux,
Et que le dieu de la tendresse
Puisse combler tous nos vœux.
MATHURIN.
Dès demain j'veux inviter
Nos amis au mariage,
Et que le violon du Village
Nous fasse un p'tit brin sauter.

Quoique vieux, pour ma Thérèse,
Je f'rons ben encor queuqu'pas
Et Cécile s'ra ben aise
De danser avec Lucas.
THÉRÈSE.
Pour le beau jour de demain,
Mes enfans, que l'on s'apprête.
Je me charge de la fête,
De la danse et du festin.
Après la peine, à votre âge,
Le plaisir doit avoir son tour.
C'est l'hymen qui dédommage
De tous les chagrins d'amour.

(On reprend le chœur.)

FIN

À PROPOS DE JOSEPH QUESNEL

Joseph Quesnel est un commerçant, poète, homme de théâtre et musicien canadien d'origine française. Il est né à Saint-Malo en 1746 et mort à Montréal en 1809. Il est l'auteur des premiers opéras écrits au Canada et a participé à l'essor culturel canadien sous la Conquête anglaise.

Ses poèmes ont été publiés de son vivant dans différents journaux de Québec et de Montréal, puis repris dans *Ma Saberdache* de Jacques Viger et dans *Le Répertoire national* de John Huston.

Impliqué dans les activités du Théâtre de Société à Montréal, Quesnel écrit et présente deux pièces de théâtre vers 1801-1802 : *Les Républicains français* et *L'Anglomanie*.

Il a aussi présenté son premier opéra (comédie mêlée d'ariettes), *Colas et Colinette*, à Montréal en 1790. Cette œuvre sera reprise à la fin de sa vie et le texte sera publié peu après sa mort alors qu'il travaillait avec l'éditeur à sa préparation. On ignore si son autre opéra, *Lucas et Cécile*, a bien été présenté. Nous possédons toujours des extraits de la musique de ces deux œuvres, qui ont été complétées par Godfrey Ridout (*Colas et Colinette*) et John Beckwith (*Lucas et Cécile*).

Pierre Turcotte, dans son mémoire de maîtrise : *Reconstitution archéologique du livret de Lucas et Cécile de Joseph Quesnel (1746-1809)* (UQÀM, 1999), a complété le texte de cet opéra, dont on ne possédait que les poèmes des ariettes, afin d'en rendre possible le jeu théâtral sur scène avec la reconstitution musicale de John Beckwith. Cette version reconstituée a été présentée à deux reprises, par L'Opéra du Château à Montréal en 2000 et par le Festival Opéra de Saint-Eustache en 2011.

ŒUVRES DE JOSEPH QUESNEL

POÉSIE

Songe agréable (1799)
Le P'tit bonhomme vit encor (1801)
Stances sur mon jardin (1803)
Épigramme (1803)
Sur un ruisseau (1803)
Épître a M. Généreux Labadie (1804)
Adresse aux jeunes acteurs (1805)
Stances marotiques à mon esprit (1806)

THÉÂTRE

Les Républicains français ou La Soirée du cabaret (1801)
L'Anglomanie ou Le Dîner à l'anglaise (1802)

COMÉDIES MÊLÉES D'ARIETTES

Colas et Colinette ou Le Bailli dupé (1790)
Lucas et Cécile (c. 1792)

À PROPOS DE PIERRE TURCOTTE

Pierre Turcotte, d'origine canadienne, vit à Málaga (Espagne) depuis 2016, a complété une maîtrise en Études littéraires de l'Université du Québec à Montréal (UQÀM, 1999). Fondateur de la maison d'édition digitale et multilingue Pierre Turcotte Éditeur.

Auteur des recueils de poésie *Calme brûlant* chez Pierre Turcotte Éditeur, *Totem salutaire* aux Éditions Mikanda (**Prix du Jury France** du **Prix YOUVE 2021**), *Finesse du sable* aux Éditions Takaba, *Patience en berne* aux Éditions Milot, *Arithmétique du soleil* aux Éditions Colline inspirée, *Alexiques* aux Éditions Line&Robert et *Là où je t'inviterais* aux Éditions Lupeppo. Pierre Turcotte est publié au Canada, en France, en République Démocratique du Congo, au Cameroun et au Mali.

Auteur des pièces de théâtre *Les mandés* (Finaliste du **Prix MILA du Livre Francophone 2022**), *Psychopathologie d'un héros* et *Anathème*.

A publié des poèmes, nouvelles, essais et articles, en français, espagnol et anglais, dans des revues et anthologies en Amérique et en Europe.

Sa démarche poétique cherche à identifier la trajectoire humaine dans l'univers des choses ordinaires et courantes, ainsi que les sensations qui font de l'homme un être perméable et créatif. Une poésie d'intimité et de vie quotidienne où l'espace de vie est fragmenté et ouvre des dialogues avec des dépendances amoureuses. Son écriture oscille entre deux pôles : des poèmes à tendance narrative fortement ancrés dans l'émotion qui alternent avec une poésie plus formaliste et orientée vers les recherches de langage. Ses plus récents écrits tentent d'opérer une synthèse entre ces deux pôles.

ŒUVRES DE PIERRE TURCOTTE

POÉSIE

CALME BRÛLANT, *Pierre Turcotte Éditeur* (2021)
TOTEM SALUTAIRE, *Éditions Mikanda* (2021) (**Prix du Jury France**, catégorie poésie, du **Prix littéraire Youve 2021**.)
FINESSE DU SABLE, *Éditions Takaba* (2021)
PATIENCE EN BERNE, *Éditions Milot* (2022)
ARITHMÉTIQUE DU SOLEIL, *Éditions Colline inspirée* (2022)
ALEXIQUES, *Pierre Turcotte Éditeur* (2022)
LÀ OÙ JE T'INVITERAIS, *Éditions Lupeppo* (2023)

NOUVELLES

LE RECUL DU LECTEUR, *Pierre Turcotte Éditeur* (2021)
UN COUP BIEN MONTÉ, *Pierre Turcotte Éditeur* (2021)

THÉÂTRE

RECONSTITUTION ARCHÉOLOGIQUE DU LIVRET DE LUCAS ET CÉCILE DE JOSEPH QUESNEL (1746-1809, mémoire de maîtrise, *Université du Québec à Montréal* (1999)
HORTENSE ET SON MAÎTRE, *Pierre Turcotte Éditeur* (2021)
LES MANDÉS, *Pierre Turcotte Éditeur* (2022) (**Finaliste. Prix MILA du Livre Francophone 2022.**)
LUCAS ET CÉCILE, *Pierre Turcotte Éditeur* (2023)

SOMMAIRE

Théâtre chez
Pierre Turcotte Éditeur

Anabel ARES
Yo no elegí este juego [espagnol]

José DE ETCHEGARAY
De mala raza [espagnol]

Joseph QUESNEL
Œuvres complètes

Joseph QUESNEL (reconstitution Pierre Turcotte)
Lucas et Cécile

Pierre TURCOTTE
Hortense et son maître
Les mandés
Велено явиться (Les mandés) [russe]

Lucas et Cécile

Pierre Turcotte Éditeur
10393, avenue Christophe-Colomb
Montréal (Québec) H2C 2V1
Canada

turcotte.pierre@gmail.com

https://pierreturcotte.com

www.ingramcontent.com/pod-product-compliance
Lightning Source LLC
LaVergne TN
LVHW050910200726
843508LV00011B/2165